collana didattica di musiche a cura di
# Celestino Dionisi

# Dedicato al Flauto Dolce

# Gli scambi tra le dita
### per Soprano
# *Exchanges between fingers*
### *for Descant recorder*

## Vol. 1

ISBN I 978-88-91149-77-0

Baroque Personal Trainer
http://studioemc.it/baroquetrainer/

Per vedere i video relativi a questo e ad altri volumi della collana:
To view videos on this and other books in the series:
You Tube http://www.youtube.com/user/BaroqueTrainer

# Gli scambi fra le dita
## per Soprano
## *Exchanges between fingers*
## *for Descant recorder*
## Vol. 1

**Do**

1)

2a)

**La** minore armonica

# La minore melodica

# La minore Bach

21

# Fa

2)

# 32

**Re** minore armonica
1)

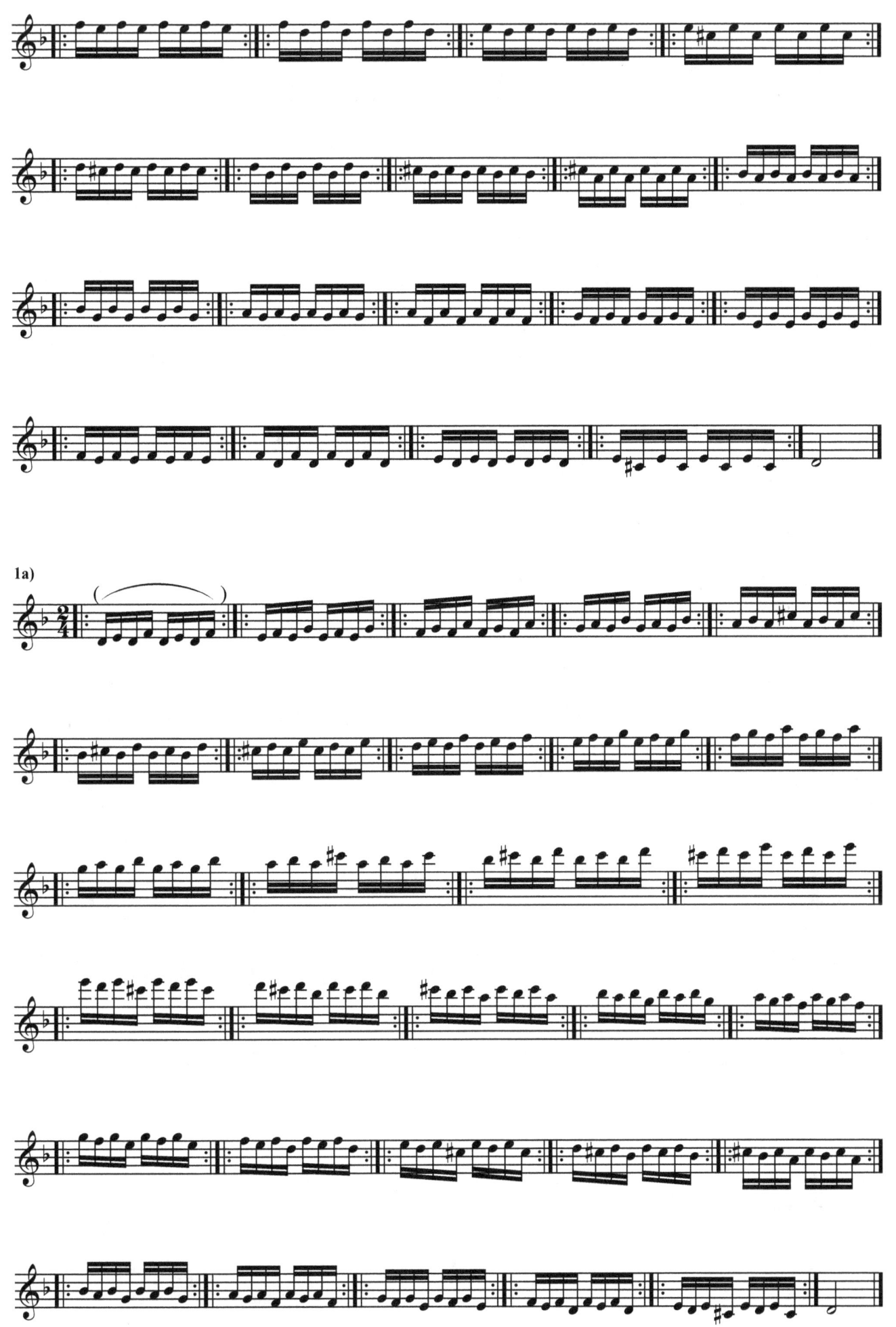

34

2)

2a)

# Re minore melodica

1)

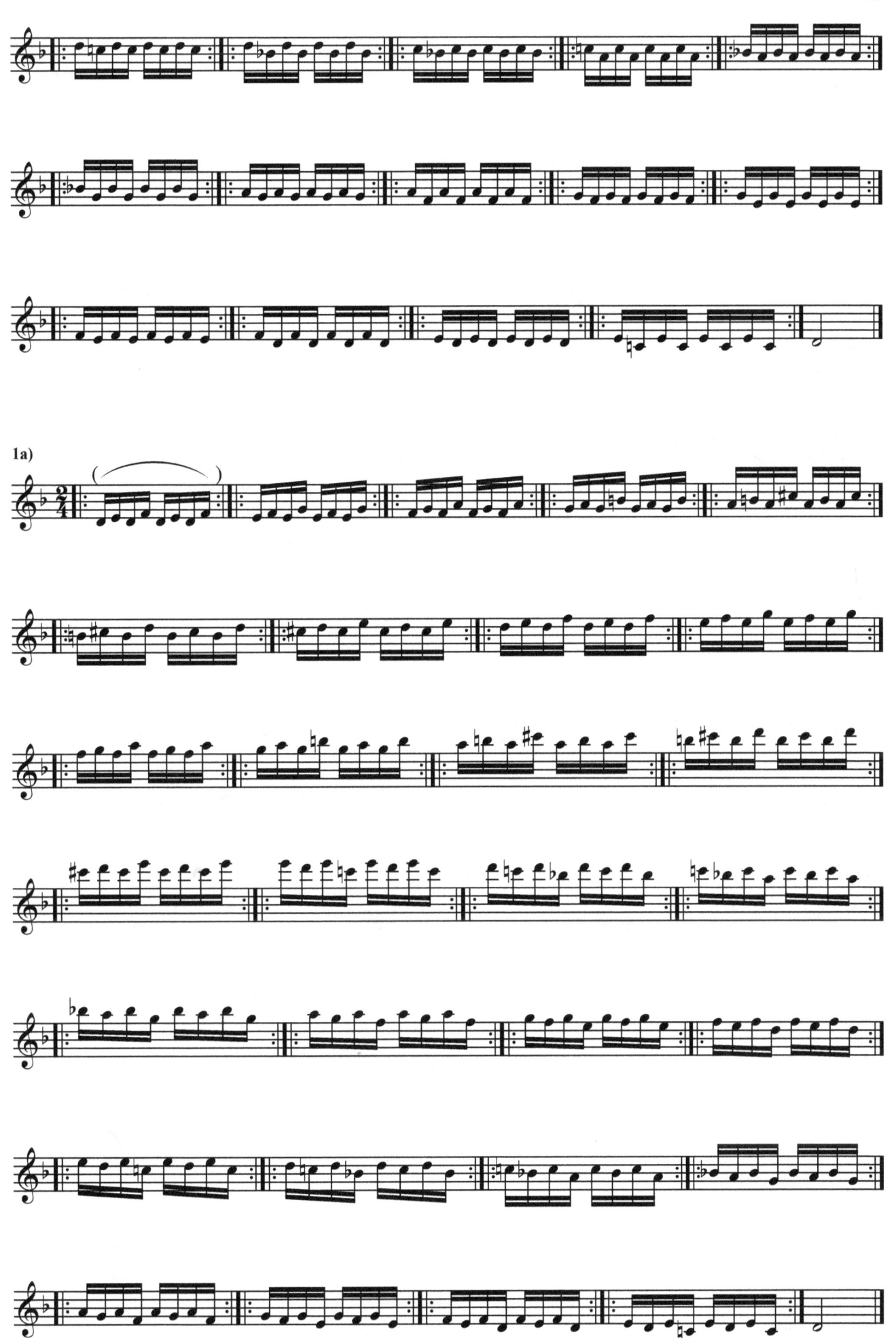

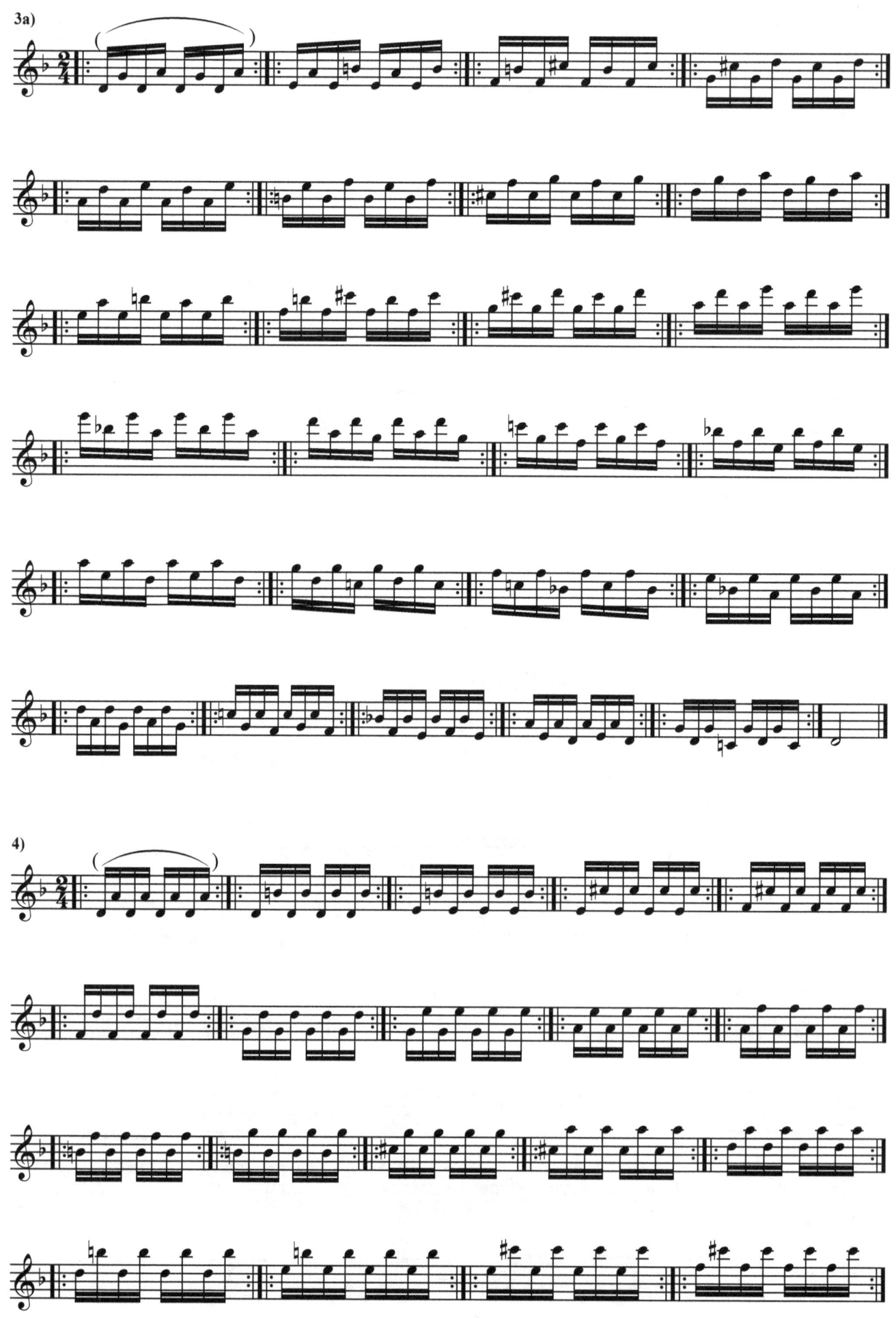

46

## Re minore Bach

1)

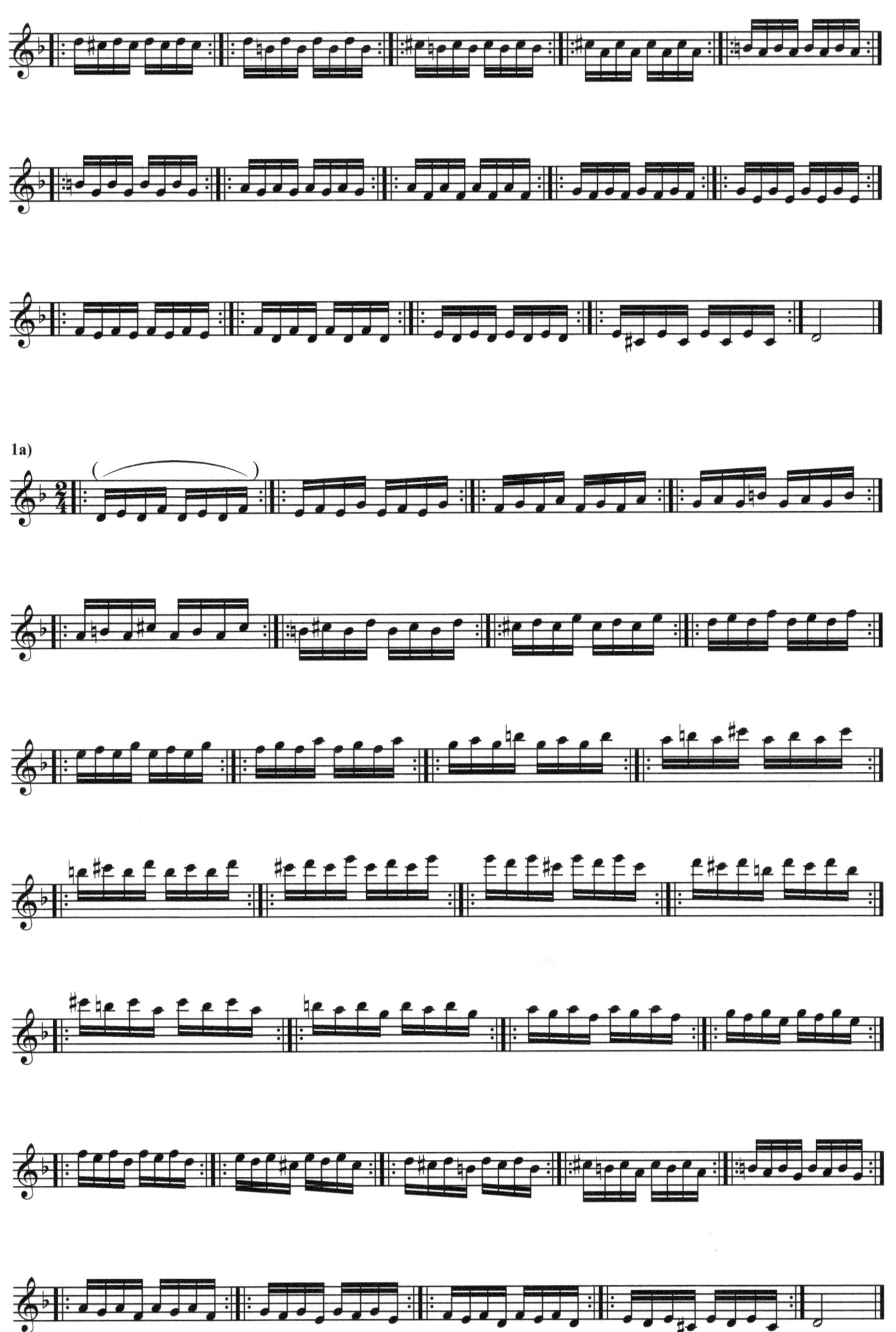

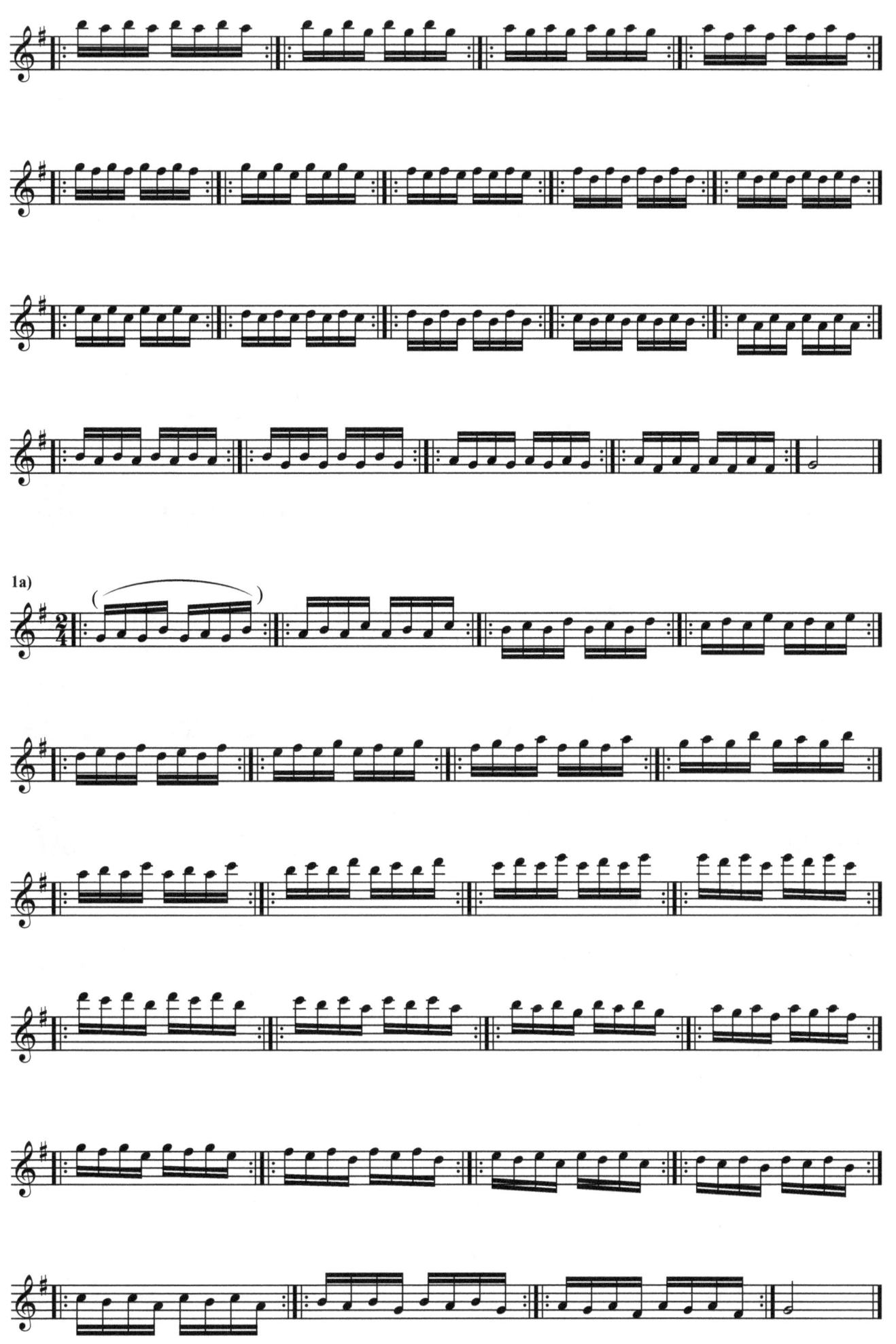

# Mi minore armonica

1)

66

**Mi** minore melodica

1a)

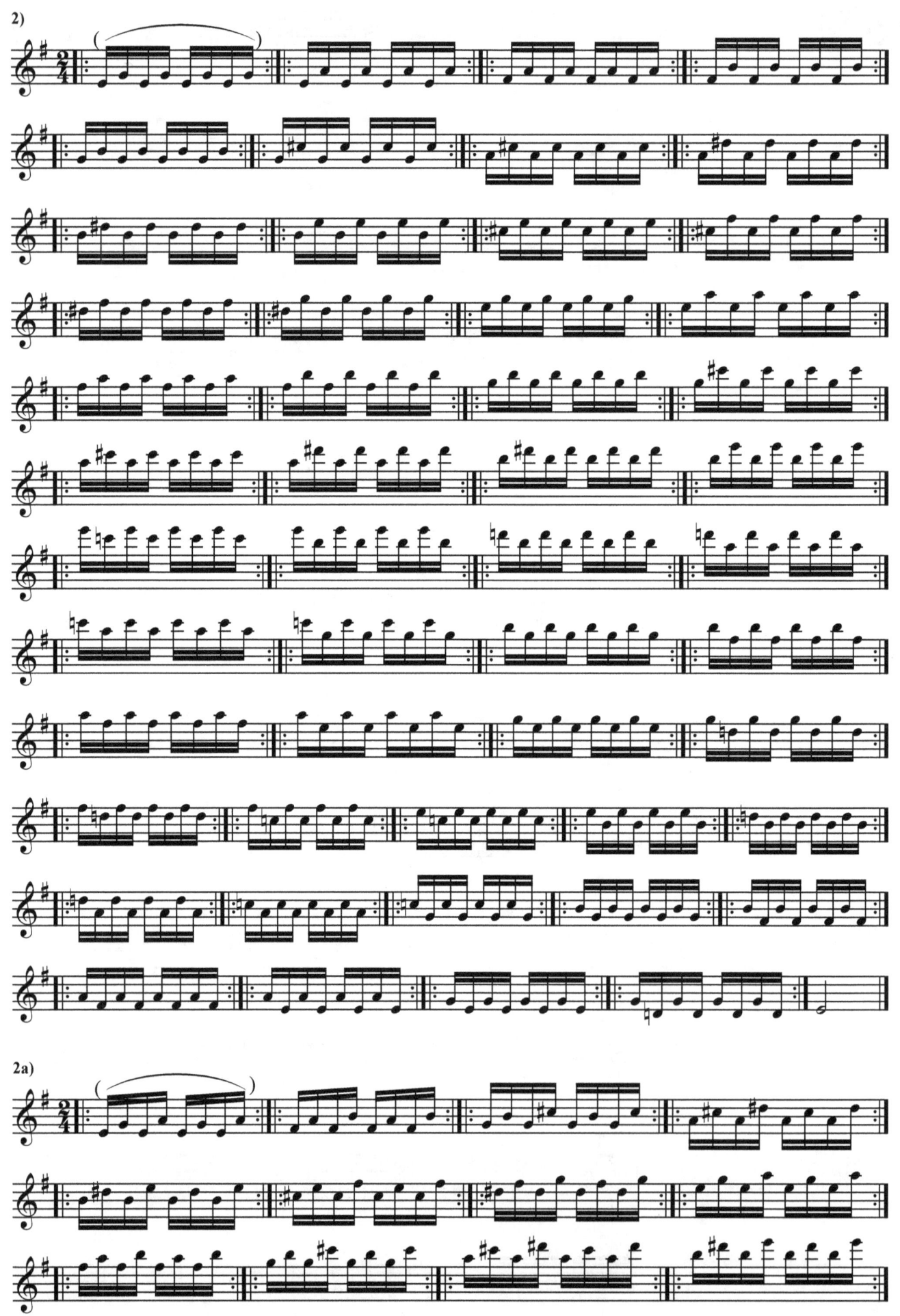

**Mi** minore Bach

84

Finito di stampare nel mese di Dicembre 2015
per conto di Youcanprint *Self - Publishing*

www.ingramcontent.com/pod-product-compliance
Lightning Source LLC
Chambersburg PA
CBHW081523160426
43195CB00015B/2476